AF300761

Des Leibes, Flucht und Werk, Gespinst

Versnovelle

Christoph Sebastian Widdau

Bibliografische Information der Deutschen Nationalbibliothek:
Die Deutsche Nationalbibliothek verzeichnet diese Publikation
in der Deutschen Nationalbibliografie; detaillierte
bibliografische Daten sind im Internet über dnb.dnb.de
abrufbar.

Herstellung und Verlag:
BoD – Books on Demand, Norderstedt

ISBN: 9783757820480

Inhalt

WACHT

Das Katzenpfötchen räubert nicht,
wenn Traumstaub körnt, der Wimpern bricht,
kein Mäuschen mit dem Herzschlag zahlt,
schlägt's Eins, vorbei! Kein Glas erstrahlt,
Schlag Zwei, Schlag Drei, das Uhrwerk mahlt
– Zeiteinerlei, Gespinst der Nacht,
das inniglich umschlingt, trugsacht,
wenn Lunula im Finstern wacht.

Gespinst, hältst Lider meilenfern,
um Schmuck zu sichten, Stern um Stern,
im Dunkel, dem das Sinnen gilt,
im Dunkel, das kein Sehnen stillt,
im Dunkel, das den Schein stumm schilt
– Zeiteinerlei, Gespinst der Nacht,
wem Nox ein Totenfeuer facht,
wurd' Schnitterwerk zum Leib gebracht.

Zum Mondgeschrei, hinaus, kein Schlag
des Täubers schmutzt, wie dreckt der Tag,
der hell sich zeiht, presst Strahl um Strahl
auf Schmodder, Tand, aufs Rattenmahl,
auf Geifer, Blut, Gedöns ziert Baal
– Zeiteinerlei, Gespinst der Nacht,
das reißt, das balzt, das reizt mit Macht,
das lockend gürtet Maskentracht.

Ein Blick im Flur, kehr' um, dort hing,
ein Abbild – SIE –, dies Totemding,
ein Rahmen bloß noch an der Wand,
in dem sich nichts als Wand einfand,
in dem sich Nichts als Nichts entspannt
– Zeiteinerlei, Gespinst der Nacht,
ihr Schritt hallt nicht im Dielenschacht,
wo Töne trügen, Weltenschlacht.

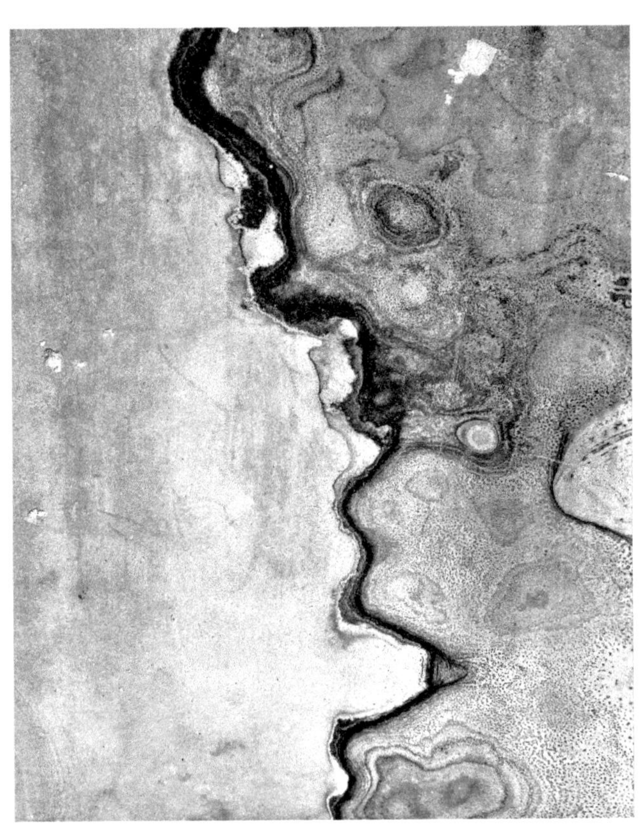

Ein Himmelsguss netzt das Gespenst,
das in des Torlaubs Chaos bremst,
die Öffner wendet, windet, dreht,
selbst Ohnglück IST, geschlossen steht,
ein Saum im Klammhauch elend weht
– Zeiteinerlei, Gespinst der Nacht,
dass aus den Quellen Schauer lacht,
ziert Kummerstück, ist Gleichnispracht.

Ein Links, ein Rechts, ein Was entscheidet,
ob dort sich's oder da sich's schneidet,
gar messerscharf, ihr Wort ins Sein
des Wanderers Bewusstseinsschein:
Ihr Klang zersetzt, schallt dumpf, dringt ein
– Zeiteinerlei, Gespinst der Nacht,
hör' du's doch auch, wo einst gewacht,
wird Totenruh' ums Ziel gebracht.

Im Lachenspiegel schimmert nur,
was wem von fahlen Lippen fuhr,
die brüchig sind und dampfbenässt,
wie Blütenzart im Dammgeäst:
verlass'ner Ort, den wer verlässt
– Zeiteinerlei, Gespinst der Nacht,
so webe endlich und gib acht,
dass Schmerz in deinen Fäden flacht!

Gespenst, entführ' dich, folg dem Weg
auf grau bespanntem, finst'rem Steg!
Dreh' dich nicht um, wo's Sehnen bloß
vortäuscht zu bergen Stirn und Schoß!
Schnür' letztmals Senkel, auf, mach' los!
– Zeiteinerlei, Gespinst der Nacht,
den Wand'rer auf den Pfad gebracht
hast du, mit List, Sirenenmacht.

FAHRT

Gezähmte Flämmchen ringsum schimmern,
wo Sinn und Wirrsinn taktlos flimmern,
bezähmte Stämmchen steril enden,
wo Zweige ungestutzt sich wenden,
wo Klingen Urwerk niemals schänden
– Zeiteinerlei, Gespinst der Nacht,
wohin du führst, althergebracht,
preist nichts in falscher Kunstandacht.

Im Glast der nassen Blätter schleift
ein Obolus, den grifflos greift
der, der nicht weiß, was IHN mitnimmt,
auf Zungensohlen taumelnd schwimmt
hinein in eine Kluft, sogblind
– Zeiteinerlei, Gespinst der Nacht,
ein Münden ist's, in Anbetracht
des Acheron, den du gemacht.

Geschmeiß, Gestein, Geflecht, Geäst,
der Wogenahnung Sintflutfest
beim Gang ins Irgendwas, hinfort,
als ob's ein Wort gibt für den Ort,
als ob's ein Loch ist oder Hort
– Zeiteinerlei, Gespinst der Nacht,
mit Firmament wurd' einst bedacht,
was untergeht als Plunderfracht.

Ach, Fährmann, seh'n kann wer dich nicht,
wie die Blutpflaume, die ganz dicht
ihr Lockrot schwarzverhangen lässt,
zum Glaubenskuss schmerzt Streichelrest
im Plünderhain, im Waisennest
– Zeiteinerlei, Gespinst der Nacht,
befreie das Gespenst von Pacht,
wenn du's vermagst, im Guten, sacht.

Das Katzenpfötchen räubert nicht,
wenn Atemrausch die Stille bricht,
kein Mäuschen mit dem Herzschlag zahlt,
schlägt's Eins in eins! Kein Glas erstrahlt,
Schlag Zwei, Schlag Drei, die Grenze schmalt
– Zeiteinerlei, Gespinst der Nacht,
wenn inniglich umschlingt, lustsacht,
die Schöne, der sich wer vermacht'.

Im Schenkelschluss des Liebs, Leibkuss,
getastet Mulden, Walkgenuss,
zur Hauchaufhebung lugt sie an,
spürt tief ins Fleisch, das schon zerrann,
als lodernd sie mit Anmut bann
– Zeiteinerlei, Gespinst der Nacht,
wo Reiz bedingt die Schmiegeschlacht,
wurd' wer zur Existenz gebracht.

Dem Spiel, dem Kampf, dem Streit ist's gleich,
blutrot erklimmt, fernt was war bleich,
in diesem Fang, der scheut ein Ende,
wenn sich verlieren Hüft' und Hände,
füll'n sich mit Farben Laut und Wände
– Zeiteinerlei, Gespinst der Nacht,
wenn sie sich zehrt, begehrt, entfacht
an sich und wem, mit Sinnenmacht.

Doch nichts mehr, nichts! Ihr Satz, er fehlt,
den sie einst, klug, aus Tausend' wählt'.
Gespenst, an deinem Flutenblick,
zeigt sich des Geistes Qualgeschick,
zu schwer'n des Sehnenden Genick
– Zeiteinerlei, Gespinst der Nacht,
das inniglich umschlingt, trugsacht,
wenn Ewiglicht im Finstern wacht.

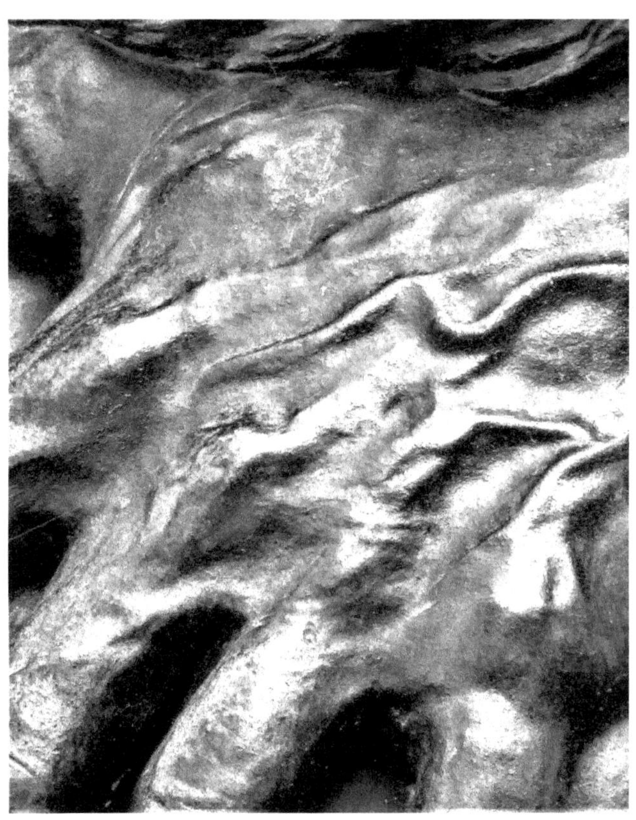

WERK

Gespinst, vollende, Tag wird's nicht!
Bald endet auch des Fährmanns Pflicht,
wo Lichtung wär', würd' es nicht dunkeln,
wo Sternenrest am Stein würd' funkeln,
würd' nicht Erlösung flüsternd munkeln
– Zeiteinerlei, Gespinst der Nacht,
dem Wand'rer hast du beigebracht,
was ich im Vers ihm zugedacht.